*Zeit*SPRÜNGE

Berlin-Weißensee

Das Wahrzeichen Weißensees – die Glocken tragende Turmruine der Bethanienkirche. Seit dem 26. Februar 1945, als eine Luftmine das Kirchenschiff zerstörte, steht der 65 Meter hohe Turm so auf dem Mirbachplatz. Die Weihe des einst über 1.000 Sitzplätze verfügenden evangelischen Gotteshauses fand am 26. Oktober 1902 statt. Pläne, die Kirche wieder aufzubauen, scheiterten an den zu hohen Kosten. Bis heute trotzt die Turmruine allen Abrissversuchen und lässt an Sonn- und Feiertagen noch immer ihr Glockenspiel erklingen.

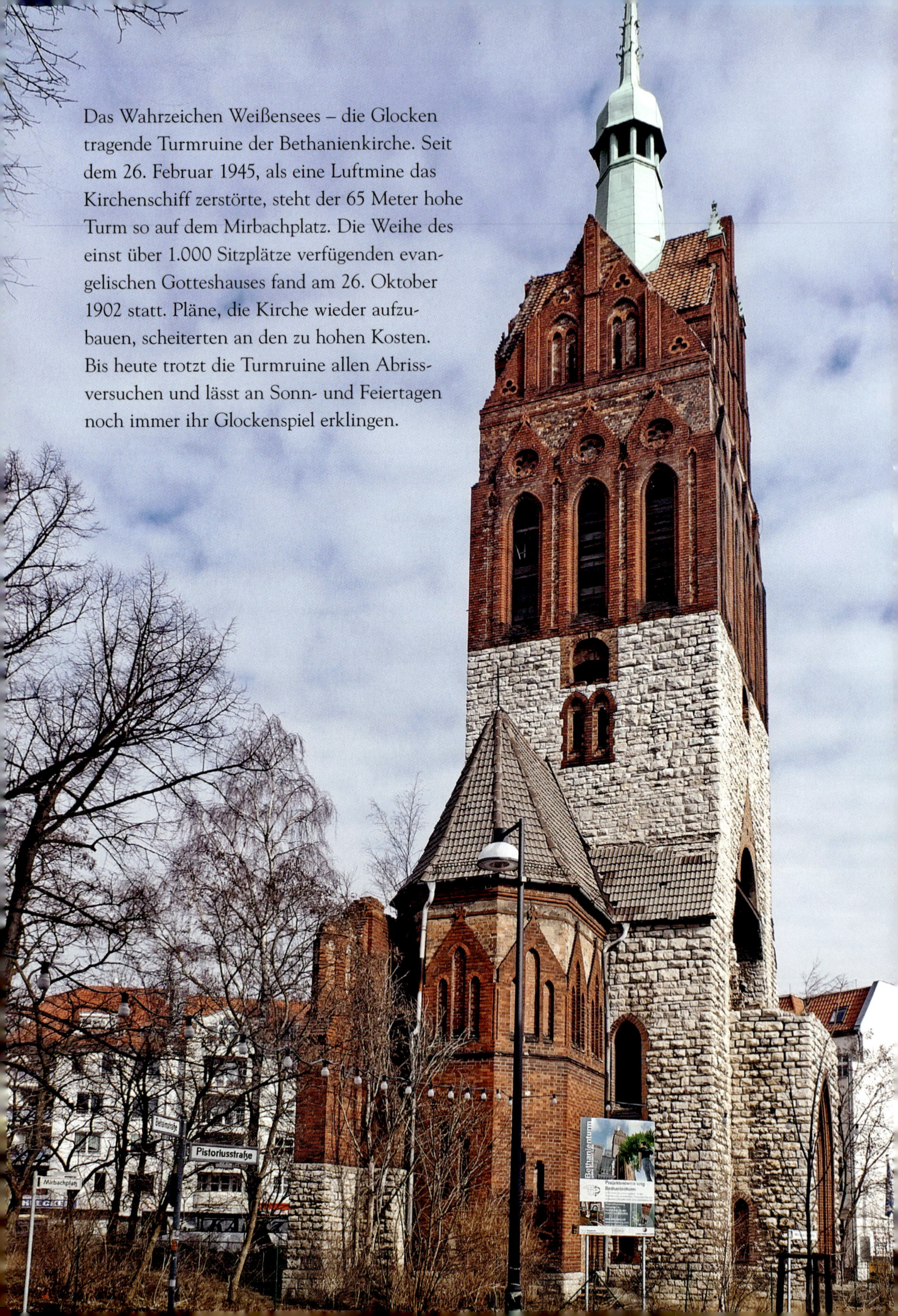

Zeit SPRÜNGE

Berlin-Weißensee

Michael Haslau und Christian A. Bard

SUTTON
VERLAG

Blick von der Berliner Allee in die Rennbahnstraße. An der Ecke findet man unter einer großen Eiche heute wieder einen aufgerichteten Findling. Auf diesem ist die Inschrift „Unserm Bismarck – Die Bürger Weissensees, 30. Juli 1908" zu lesen. Der Stein war nie verschwunden, aber nach 1945 hatten Bismarck-Gegner ihn umgekippt. Erst in den späten 1990er-Jahren wurde der Bismarckstein wieder aufgerichtet und um ihn herum entstand eine gepflegte Grünfläche.

Sutton Verlag GmbH
Arnstädter Straße 8
99096 Erfurt
www.suttonverlag.de

10. Auflage, 2023
ISBN: 978-3-86680-651-1
Druck: Florjančič Tisk d.o.o. / Slowenien

Titelbilder: Die Berliner Allee zwischen Antonplatz und Smetanastraße. Die Silhouette ist beinahe unverändert. Bei der Umgestaltung des Antonplatzes und der Berliner Allee Ende der 1920er-Jahre wurde die Straße verbreitert. Da zu diesem Zeitpunkt noch wenige Fahrzeuge unterwegs waren, lässt das auf ein vorausschauendes Verkehrskonzept schließen. Gleichfalls bekam die Straßenbahn ein begrüntes Gleisbett. Jenes war nach dem Zweiten Weltkrieg verschwunden, um nach der neuerlichen Umgestaltung von 2005 wieder entdeckt zu werden.

Inhaltsverzeichnis

Bibliografie

BENNEWITZ, JOACHIM: *Berlin-Weissensee, Bilder aus der DDR.* Sutton Verlag, Erfurt 2003.

DEUTSCHE BAUZEITUNG: 67. *Jahr, Heft 12,* Berlin 1933.

FESTSCHRIFT: *700 Jahre Weißensee,* Bezirksverwaltung Weißensee 1937.

FEUSTEL, JAN: *Zwischen Bethanien und St. Joseph – Die Kirchen in Weißensee,* AG Verlag, Berlin 1997.

GIERTZ, ALEXANDER: *Chronik der Gemeinde Weißensee bei Berlin,* Verlag der Gemeinde, Weißensee bei Berlin 1905, 1906.

GLASS, PETER: *Es ist daselbst ein sehr schöner Garten. Der Park am Weißen See,* AG Verlag, Berlin 1999.

JUBILÄUMSSCHRIFT DER BERLINER-NORDOST-ZEITUNG, WEISSENSEER ZEITUNG: *Weißensee im Wandel der Zeit,* Berlin 1928.

LAIS, SYLVIA: *Wegweiser zu Berliner Straßennamen. Weißensee, Edition Luisenstadt,* Luisenstädtischer Bildungsverein e.V., Berlin 1993.

PÜSCHEL, WALTER: *Spaziergänge in Weißensee,* Berliner Reminiszensen No. 67, Haude & Spener, Berlin 1993.

WEISSENSEER HEIMATFREUNDE E.V.: *Auf Schienen nach Weißensee. 125 Jahre Straßenbahnen im Nordosten Berlins,* GVE Verlag, Berlin 2002.

ZWICKERT, G./LINDEMANN, C./CZAIKA, E./LINDSTÄDT, K.: *Denkmale in Berlin-Weissensee,* Bezirksamt Weißensee von Berlin, 1998.

Danksagung und Bildnachweis

An dieser Stelle möchten wir uns bei allen bedanken, die unsere Arbeit unterstützt haben. Ein herzlicher Dank geht insbesondere an Claudia für die Assistenz bei den Fotoaufnahmen, an Jana, Johann-Peter, Ly und Ulli sowie an die zwei netten Damen. Für die Hilfe bei inhaltlichen Fragen möchten wir Herrn Joachim Bennewitz danken, der stets bereitwillig mit seinem Wissen über Weißensee weitergeholfen hat.

Ganz besonderer Dank gilt Herrn Ralf Schmiedecke für die kritische Durchsicht der Texte und Bildkommentare.

Alle historischen Abbildungen und Fotos entstammen dem Privatarchiv Haslau (Berlin). Die aktuellen Fotos nahm Christian A. Bard (Berlin) auf.

Einleitung

Zunächst danke ich allen Lesern meines Buches „Berlin-Weißensee in alten Ansichten". Die Rückmeldungen, die ich über den Sutton Verlag, den örtlichen Buchhandel und bei Präsentationen erhielt, ließen ein starkes Interesse an Weißensees Geschichte erkennen. Mit diesem neuen Buch komme ich daher gern dem Wunsch vieler Leser nach, Altes und Neues gegenüberzustellen.

Bei der Suche nach einem kompetenten Fotografen für das Projekt fand ich Christian A. Bard. Der aus Leipzig zugezogene Musiker des Rundfunk-Sinfonieorchesters Berlin lebt zwar erst seit 1993 in Weißensee, hat seine Liebe zu diesem Kiez aber schnell gefunden.

Nun gingen wir zu zweit an die Aufgabe, alte Abbildungen auszuwählen. Da die Seitenzahl des Buches von vornherein begrenzt war, konnten wir zunächst nur markante Bilder nehmen. Möglicherweise gibt es eine Fortsetzung, wo auch noch weitere, eher unbekannte Ecken Weißensees abgebildet werden können.

Für die aktuellen Aufnahmen haben wir akribisch versucht, den Standort zu finden, den einst die Fotografen der historischen Bildvorlagen eingenommen hatten. Wir hoffen, eine repräsentative Auswahl getroffen zu haben, in der sich der Wandel in Weißensee widerspiegelt.

Die Ersterwähnung Weißensees findet sich in einer Urkunde von 1242. Die neuere Geschichtsschreibung der Gemeinde im Kreis Niederbarnim begann 1871. Nach dem siegreichen Krieg gegen Frankreich 1870/71 kam es im gesamten Deutschen Reich zu einem gewaltigen Aufschwung. Die kaiserliche Reichshauptstadt Berlin blühte auf. Menschen aus allen Gegenden strömten in die pulsierende Stadt, sodass bald keine Wohnungen mehr verfügbar waren. Auf der Suche nach für die Erweiterung der Stadt geeigneten Vororten, schickte der Reichstagsabgeordnete und Hamburger Kaufmann Gustav Adolf Schön seinen Vertrauten Johann Eduard Langhans in das sieben Kilometer vom Stadtzentrum entfernte Weißensee, in dem das Rittergut zum Verkauf stand. Auf Empfehlung von Langhans und nach persönlicher Inaugenscheinnahme erwarb Schön es im Januar 1872. Das einst landwirtschaftlich genutzte Rittergut Weißensee war jetzt der Spekulation der Gründerjahre – mit dem Neubau und schnellen Veräußerungen von großstädtischen Miethäusern – unterworfen. Schön verkaufte bereits im März 1872 einen Teil des Gutes an den Geheimen Admiralitätsrat Ernst Gäbler. Dieser legte mit seiner Baugesellschaft für Mittelwohnungen auf dem erworbenen Gelände südlich der Berliner Allee, begrenzt durch die Gürtel- und Indira-Gandhi-Straße (einst Lichtenberger Straße), Straßen an, bebaute sie mit recht primitiven Wohnhäusern, meist ohne Wasseranschluss, und vermietete noch im Rohbau. Ein weiterer Spekulant war der Kaufmann Hermann Roelcke. Auch er kaufte Land, legte Straßen an (Charlottenburger Straße, Roelckestraße), baute Ziegeleien und Wohnungen. Weißensee wuchs. Im Jahre 1872 lebten auf dem Rittergut 169 Menschen, nur acht Jahre später waren es schon 4.000. Da das Territorium des Rittergutes nicht zur Gemeinde des Dorfes Weißensee gehörte, versuchte man, beide Teile zusammenzuführen. Allerdings wollten die Dorfbewohner nichts mit den „Städtern“ zu tun haben. Man beschloss, neben der bestehenden Gemeinde Weißensee eine neue, selbstständige Gemeinde Neu-Weißensee zu bilden. Als Grenze wurden die Rennbahnstraße, das östliche Seeufer und die Indira-Gandhi-Straße festgelegt. Oberhalb lag das Dorf, mit dem Kern um die Pfarrkirche in der Berliner Allee, unterhalb lag Neu-Weißensee. Die „Gründerväter“ haben Weißensee so angelegt, wie wir es heute noch vorfinden. Viele von ihnen sind in den heutigen Straßennamen verewigt. Der erste Gemeindevorsteher in Neu-Weißensee war Heinrich Feldtmann. Es ist unvorstellbar, was dieser Mann in den seinem Amtsantritt folgenden Jahren leistete. Feldtmann warb bei den Innungen der Handwerker für die anstehenden Projekte und gewann die Bauhandwerker, Bäcker, Schlächter und Wagenbauer als Geldgeber. Er sorgte für die Errichtung des Gaswerkes an der Gustav-Adolf-Straße und damit für die Straßenbeleuchtung. Zudem entstanden die unterirdische Kanalisation und eine Kläranlage. Als Geld für den Bau der Bethanienkirche gebraucht wurde, erbettelte er dieses beim General-Synodalrat der Evangelischen Kirche. Für das dringend benötigte Krankenhaus in der Schönstraße gewann er den Vaterländischen Frauenverein als Sponsor. Unermüdlich arbeitete er für Neu-Weißensee, das noch unter seiner Führung zum 1. Januar 1905 mit dem ehemaligen Dorf zur vereinten Gemeinde Weißensee verschmolzen wurde. Kurze Zeit danach verstarb er plötzlich. Große Anteilnahme und ehrliche Trauer gab es in ganz Weißensee. Sein Nachfolger wurde Dr. Carl Woelck. Weißensee zählte bereits 34.000 Einwohner. Um das Stadtrecht zu erlangen und ein repräsentatives „Stadtbild“ abzugeben, holte er den Architekten Carl James Bühring nach Weißensee. Gemeinsam ging man die Schaffung eines Gemeindeforums an. In nicht einmal fünf Jahren errichtete man das Munizipalviertel mit seinen unterschiedlichen Einrichtungen. Unter Woelck entstand das Industriegebiet nördlich der Rennbahnstraße. Für das Gemeindewohl kaufte man das Schloss und den dazu gehörenden Park und legte eine Uferpromenade an. Bühring sorgte mit weiteren Bauten für neue Wohnungen und bessere Lebensqualität.

Mit Gesetz vom 27. April 1920 wurden die Gemeinden Weißensee, Hohenschönhausen, Malchow, Wartenberg und Falkenberg zum 18. Verwaltungsbezirk von Groß-Berlin zusammengeschlossen, der die Bezeichnung Weißensee erhielt. Seit der Bezirks- und Verwaltungsreform 2001 bildet Weißensee mit Prenzlauer Berg und Pankow den III. Bezirk von Berlin mit der Bezeichnung Pankow. Weißensee ist heute nur noch ein Ortsteil und zählt etwa 45.000 Einwohner.

Wegen seiner guten Infrastruktur, den ausgiebigen See- und Parkanlagen und seiner gewachsenen Bausubstanz zählt Weißensee zu den beliebtesten Wohngegenden in Berlin.

Damals wie heute sind die öffentlichen Kassen meist leer. Nicht jammern, sondern anpacken ist dann die beste Lösung. Und in Weißensee wird angepackt. Viele Bürger finden sich in Interessengemeinschaften oder Vereinen zusammen und gestalten das kulturelle und öffentliche Leben in ihrem Kiez. So würde die seit 1968 auf dem Weißen See hochsteigende Fontäne ohne einen privaten Sponsor heute nicht mehr sprudeln. Wenn es auch immer mal etwas zu meckern gibt, können wir Weißenseer am Abend auf der Terrasse des Milchhäuschens oder an der Bar des Strandbades sitzen, über den See blicken, das Rauschen der Bäume und Singen der Vögel genießen, den Tag entspannt ausklingen lassen. Wo gibt es das sonst noch in der großen Stadt? Eigentlich ist das Leben doch schön.

1

Die Berliner Allee im Wandel der Zeit

Die 3,5 Kilometer lange Berliner Allee ist die Haupt- und Einkaufsstraße Weißensees. Ihre häufig wechselnden Namen sind Zeugnisse der Geschichte. So hieß der Teil der Berliner Allee, der sich auf dem Gebiet von Neu-Weißensee (von der Gürtel- bis zur Indira-Gandhi-Straße) befand, Königschaussee. Seit 1810 erinnerte dieser Straßenname an das aus dem Exil in Königsberg zurückkehrende Königspaar Friedrich Wilhelm III. und Königin Luise. Beide wurden am 23. Dezember 1809 in Weißensee empfangen. Der Teil der Berliner Allee auf dem Gebiet des Dorfes, zwischen Indira-Gandhi-Straße bis zur Gemarkung Malchow, hieß Berliner Straße. Im Jahr 1910, das Dorf Weißensee und die Gemeinde Neu-Weißensee waren seit fünf Jahren vereint, erhielten endlich beide Abschnitte den gemeinsamen Namen Berliner Allee. Die Aufnahme um 1930 zeigt die Berliner Allee am Antonplatz.

Erneut geht der Blick zum Antonplatz. Das imposante Eckhaus, in dem sich einst eine Zigarrenhandlung, ein Foto-Atelier und eine Wettannahme befanden, sowie das nebenstehende, zur Max-Steinke-Straße gehörende Haus mit Café und Konditorei Schulz, sind im Zweiten Weltkrieg stark beschädigt worden. Auf dem Foto von 1955 sind die Überreste noch zu erkennen. Die staatliche Handelsorganisation (HO) der DDR betrieb zu jener Zeit hier einen Tabakladen. Der Laternen-Pavillon auf dem Dach des Eckhauses hatte erstaunlicherweise die Kriegseinwirkungen überstanden, verschwand aber leider später. Erst nach 1990 sind die entstandenen Baulücken wieder geschlossen worden.

Vom 5. Oktober 1953 bis zum 30. August 1991 trug die Berliner Allee den Namen des im Februar 1953 verstorbenen Vorsitzenden der Kommunistischen Partei und Staatspräsidenten der Tschechoslowakei Klement Gottwald. Das Foto von 1989 zeigt den Blick zum Antonplatz mit dem Kino Toni. 1920 errichtet, wurde es von den Decla-Lichtspielen betrieben. Schon zwei Jahre später übernahm es die UFA. Trotz starker Kampfhandlungen am Antonplatz überlebte es den Zweiten Weltkrieg und konnte 1948 als Privatkino wieder eröffnen. 1982 doch noch in Volkseigentum übergeleitet, wurde es schließlich 1992 an den Regisseur Michael Verhoven verkauft. Bis heute betreibt er das Kino Toni mit anspruchsvollem Programm. Schwerpunkt sind Kinderfilme.

Aus der „Stadt" kommend – eine Redewendung, die heute noch viele Weißenseer benutzen und damit das Berliner Zentrum um den Alexanderplatz meinen – erreicht man Weißensee über die Greifswalder Straße. Die Gürtelstraße (rechts) und die Lehderstraße (links) bilden die Grenze zum Stadtteil Prenzlauer Berg. Aus den 1920er-Jahren stammt diese Aufnahme, die die ursprüngliche Bebauung rechts zwischen Gürtel- und Rossinistraße im Zuge der Berliner Allee zeigt. Nach der kompletten Zerstörung im Zweiten Weltkrieg errichtete man in den 1950er-Jahren den noch heute stehenden einheitlichen Wohnblock.

Die 1910 entstandene Aufnahme von der Berliner Allee mit Blick in die Lehderstraße zeigt zwei prächtige Eckhäuser. Das Haus links beherbergte das Gasthaus „Zum Prälaten" von Hermann Dröger. Es verfügte über einen großen Gartenbereich. Dieses Gebäude fiel dem Zweiten Weltkrieg zum Opfer. Rechts ist das Wirtshaus „Zum Sängerheim" von Walter Frentz zu sehen. Hier befindet sich noch heute eine Gastwirtschaft. Wünschenswert wäre ein Weißenseer Investor, der diesem Prachthaus wieder den alten Glanz verleiht.

Reich verziert waren auch die Gebäude der Berliner Allee/Ecke Streustraße, wie die Aufnahme von 1904 zeigt. Links im Bild erkennt man die Restauration vom Gastwirt Wilhelm Schmutz. Das Haus rechts, in dem Bernhard Pastorino seine Kolonialwarenhandlung betrieb, steht nicht mehr. Vor dem zur Zeit der Planwirtschaft errichteten Flachbau waren vor 1989 stets lange Schlangen zu sehen, da dort Ersatzteile für Autos verkauft wurden. Später zog hier die Louis-Fürnberg-Buchhandlung ein. Heute befindet sich hier ein Geldinstitut.

Wie an fast allen Ecken früher üblich, befanden sich auch in den Häusern von der Berliner Allee zur Rossinistraße (früher Weißenburgstraße) Gastwirtschaften, links ein Ausschank des Münchener Brauhauses, rechts das Geschäft von Manegolds Likörfabrik. Das 1920 entstandene Bild und das heutige Foto mit Blickrichtung zur Bizetstraße (früher Sedanstraße) widerspiegeln in faszinierender Weise die Geschichte der letzten 100 Jahre. Jede Epoche hat sich hier verewigt.

Die Berliner Allee am südlichen Antonplatz. Eigentlich ist die Bezeichnung „südlicher Antonplatz“ falsch, da, wie die Aufnahme von 1915 zeigt, die Häuserfront auf der linken Seite der Berliner Allee geschlossen war, es also gar keinen „Platz“ gab. Erst bei Luftangriffen im Zweiten Weltkrieg entstand eine Baulücke, die nicht wieder bebaut wurde. Stattdessen nutze man sie als Abkürzung und Durchgangsweg zur Bizetstraße. Zu einem Platz befestigt und vor kurzem neu gestaltet, soll dieser nun „unbedingt“ einen Namen bekommen. Die Suche hiernach verkommt zum Spielball der regionalen Parteipolitik.

Drei Wahrzeichen von Weißensee auf einen Blick. Im Zentrum der Antonplatz, der seinen Namen nach Anton Matthias Schön, dem jüngsten Bruder unseres Gründervaters Gustav Adolf Schön, erhielt. Jener bedankte sich damit für die finanzielle Unterstützung bei seinen Bodenspekulationen. Nach der Umgestaltung in den 1920er-Jahren war der Platz eine Insel, die ringsherum befahren werden konnte. Heute ist er ausschließlich den Fußgängern vorbehalten. Hinten links ist der Turm der St.-Joseph-Kirche zu sehen. Rechts geht der Blick in die Max-Steinke-Straße und hoch zum Mirbachplatz mit der Bethanienkirche.

Geschäftiges Treiben auf der Berliner Allee – 1929 und heute, auf Höhe der Einmündung der Tassostraße und mit Blick zum Antonplatz. Um die Attraktivität der traditionsreichen Einkaufsmeile zu steigern, gründete sich im Jahre 2000 die Interessengemeinschaft City Weißensee, in der sich Einzelhändler und Gewerbetreibende zusammenschlossen. So konnte man durchsetzen, dass bei der Umgestaltung der Berliner Allee Parktaschen vor den Geschäften entstanden. Des Weiteren ist der zweimal in der Woche stattfindende Frischemarkt auf dem Antonplatz einer Initiative der Interessengemeinschaft zu verdanken.

Das imposante Eckhaus an der Berliner Allee/Ecke Tassostraße im Jahre 1915. Am markanten Dach war eine Reklameschrift für das Elektrizitätswerk Weißensee angebracht. Carl Ruthenberg, ein Weißenseer Unternehmer, hatte das Werk um 1900 an der Großen Seestraße errichten lassen. Der hier produzierte Strom war die Voraussetzung für den industriellen Aufschwung und die Verbesserung der Lebensqualität in Weißensee. Interessanterweise wurde der Unternehmer bei Erteilung der Baugenehmigung zur Übernahme der Straßenbeleuchtung in der Langhansstraße verpflichtet. Bereits 1907 erwarb die Gemeinde das Elektrizitätswerk und baute es aus.

Der Blick geht im Jahre 1908 in die heutige Mahlerstraße, die damals Elsaßstraße hieß. Als eine der Zugangsstraßen zum Französischen Viertel (heute Komponistenviertel) wurde auch sie nach einem Ort benannt, der im Deutsch-Französischen Krieg 1870/71 eine Rolle spielte. Dort, wo auf der alten Aufnahme noch ein schmales Wohnhaus stand, eröffnete nach dessen Abriss 1960 Max Konnopke eine Wurstbude. Seine Currywurst schmeckte nicht nur Generationen von Weißenseern, sondern war weit über die Grenzen Berlins hinaus bekannt. Noch heute unter dem Namen Konnopke firmierend, wird der Imbiss aber seit 2000 nicht mehr von den Nachfahren betrieben.

Kurz vor der Einmündung der Parkstraße in die Berliner Allee betrieb Heinrich Benter im Haus mit der heutigen Nummer 59/61 ein Hotel und ein Restaurant. Viel Zeit war ihm hier nicht vergönnt, da das Geschäft – aus welchem Grund auch immer – nicht

lief. 1910 gab es das Hotel bereits nicht mehr. Ein Schicksal, das auch heute noch Gewerbetreibende treffen kann. Kurze Zeit, nachdem das unten stehende Foto Anfang 2010 aufgenommen wurde, schloss die Buchhandlung ihre Filiale.

Auf diesem Bild von 1906 ist das Haus Berliner Allee/Ecke Parkstraße zu sehen. Ganz links im Bild erkennt man noch eine Baulücke, die kurz nach Entstehen der alten Aufnahme mit dem auf der Seite zuvor beschriebenen Haus bebaut wurde. Die gesamte Nachbarschaft hat die Gelegenheit genutzt, sich fotografieren zu lassen. Direkt im Eckladen betrieb Gottlieb Füting eine Feinbäckerei. Links daneben befand sich das Restaurant und Gartenlokal von Franz Dietrich. Bis heute findet sich an dieser Ecke ein seit Jahrzehnten ansässiges Friseurgeschäft.

Die Berliner Allee in Höhe Parkstraße mit Blickrichtung stadtauswärts. Das Foto von 1963 zeigt sanierte Häuser, alles ist sauber und gepflegt, es gibt keine Straßenschäden. Nicht überall sah es in dieser Zeit so aus, aber diese Straße gehörte zur „Protokollstrecke". Hiermit ist die feste Fahrtroute von Pkw-Konvois der DDR-Staatsführung gemeint, die von ihrem Amtssitz in Berlin-Mitte zur Wandlitzer Waldsiedlung gefahren sind. Viele Einwohner Weißensees können sich noch an die damit verbundenen Sperrungen der Straßen erinnern, die den gesamten Verkehr zum Erlahmen brachten. Heute erschweren nur noch Baustellen das Leben der Autofahrer.

Um 1920 entstand diese Aufnahme, die den Blick von der Berliner Allee in die heutige Herbert-Baum-Straße zeigt. Zum damaligen Zeitpunkt hieß die zum Französischen Viertel (heute Komponistenviertel) gehörende Straße Lothringenstraße. Wie fast alle Straßen dieses Viertels wurde auch sie 1951 umbenannt. Hier wich man allerdings davon ab, den Namen eines Komponisten zu verwenden. Stattdessen wurde sie nach Herbert Baum, einem jüdischen antifaschistischen Widerstandskämpfer, benannt. Seine Grabstätte liegt auf dem bereits 1880 angelegten Jüdischen Friedhof am Ende der Straße. Im Eckhaus links befand sich mehr als 100 Jahre das 1890 gegründete Möbelhaus Bricke. Rechts ist das Kaufhaus von Adolf Hirsch zu erkennen.

Wie die Fotos der Berliner Allee von 1930 und heute zeigen, ist unsere Magistrale von den Zerstörungen im Zweiten Weltkrieg fast vollständig verschont geblieben. Der hier abgebildete Straßenzug zwischen Pistorius- und Parkstraße zeigt kaum Veränderungen. Im Jahre 2005 wurde auch das Gleisbett der Straßenbahn wieder begrünt. Unterschiede kann man in der Adventszeit beobachten. Die Interessengemeinschaft City Weißensee finanziert gemeinsam mit weiteren Geschäftsleuten die aufwendige weihnachtliche Illuminierung der Straße, an der sich alljährlich Jung und Alt erfreuen.

Durch die Einmündung der Smetanastraße (links) wird der zentrale Bereich der Berliner Allee begrenzt. Die Aufnahme von 1928 zeigt die Blickrichtung zum Antonplatz. Dieser zentrale Bereich der Berliner Allee mit seinen zahlreichen Einkaufsmöglichkeiten ist nun auch wieder Bestandteil des traditionsreichen Weißenseer Blumenfestes geworden. Unser Stadtteilfest wurde im August 2010 zum zweiten Mal vom „Verein für Weißensee" veranstaltet. Zwischendurch zu einem kleinen Rummel verkommen, setzte der Verein wieder auf traditionelles Programm. Man organisierte eine halbseitige Sperrung der Berliner Allee, um eine echte Flaniermeile mit vielen Attraktionen zu schaffen. Nun profitieren nicht mehr nur „fliegende Händler", sondern auch die Gewerbetreibenden vor Ort von der Veranstaltung.

An der Berliner Allee/Ecke Smetanastraße – ehemals Wörthstraße, ebenfalls zum Französischen Viertel gehörend und 1951 nach Bedřich Smetana benannt – steht dieses Haus, das vollkommen von der übrigen Architektur in Weißensee abweicht. In einer Phase gebaut, als die Fahrbahn der Berliner Allee Ende der 1920er-Jahre verbreitert wurde, passte man den Neubau der neuen Straßenflucht an. 1930 eröffnete das moderne, von einem Warenhauskonzern errichtete Büro- und Handelshaus. Dieser Konzern, die EPA Einheitspreis AG, hatte ein neues Geschäftsmodell: Alles kostete das Gleiche. Als die Rote Armee 1945 nach Weißensee kam, richtete sie in diesem Haus einen Einkaufsladen für russische Offiziere ein. Ab 1949 war es eine Verkaufsstelle der staatlichen Handelsorganisation (HO).

Den Blick von der Berliner Allee in die Pistoriusstraße zeigt die Aufnahme von 1905. Die ruhige Straße mit noch ländlichem Flair trägt den Namen von Johann Heinrich Leberecht Pistorius. Er erfand den Pistorius'schen Brennapparat, kaufte 1821 das Rittergut Weißensee und erweiterte den Kartoffelanbau zur Branntweingewinnung. Zugleich beschäftigte er sich mit der technischen Entwicklung in der Landwirtschaft, die er reformierte – viele neue Landmaschinen wurden getestet. Pistorius machte das Rittergut Weißensee zum Mustergut. Er hinterließ testamentarisch einen Fond für die Armen in Weißensee. Heute ist die Pistoriusstraße einer der meist befahrenen Verkehrswege im Bezirk.

Im ältesten noch erhaltenen Gebäude Weißensees, in der Berliner Allee 109, befindet sich die Flora-Apotheke, hier in einer Aufnahme von 1903. Ursprünglich als Wohnhaus im Jahre 1875 errichtet, beherbergt es schon seit 1880 die Flora-Apotheke, seinerzeit die erste Apotheke in Weißensee. Der durch den Vorgarten noch betonte Landhaus-Stil erinnert heute an die Zeit, als Weißensee noch dörflich war – das Gebäude steht daher unter Denkmalschutz. Die schwierige Aufgabe, den Charakter des Hauses beizubehalten, es aber wirtschaftlich ins 21. Jahrhundert zu führen, hat seit 2001 die Apothekerin Tanja Segeth mit ihrem engagierten Team übernommen.

Gegenüber der Flora-Apotheke, in der Berliner Allee 112, befindet sich heute ein Wohn- und Geschäfthaus, an dem man über der Einfahrt das Schild „Zum alten Droschkenhof" lesen kann. Was es damit auf sich hat, erklärt das Foto von 1933. Der Eigentümer des Hauses, Bernhard Reimann,

war zunächst Fuhrunternehmer. Später, als die Automobile den Pferdewagen als Transportmittel ablösten, ging er mit der Zeit und eröffnete auf seinem Innenhof eine Tankstelle. Die heute wieder wunderschön gestalteten Höfe und Hinterhäuser lassen davon nichts mehr erahnen, dienen jedoch immer noch gewerblichen Zwecken.

Das prächtige, reich mit Stuck verzierte und mit einer Dachkuppel versehende Gebäude aus der wilhelminischen Kaiserzeit, gebaut um 1900, steht gegenüber dem Schlosspark in der Berliner Allee/Ecke Lindenallee. Vom Berliner Architekten Paul Oeberholz als Wohnhaus errichtet, beherbergte es aber auch Geschäfte und ein Restaurant. Nach der Gaststätte wurde das gesamte Gebäude als Haus „Alpenrose" betitelt. Im Zweiten Weltkrieg leicht beschädigt, hat man es vereinfacht wieder aufgebaut. Ähnlich ging es den beiden als Schiller- und Goethehaus bezeichneten Gebäuden hinter dem Haus „Alpenrose". Sie verloren bei Sanierungsarbeiten ihre aufwendig gearbeiteten Türme.

1885 kam Rudolf Sternecker nach Weißensee, übernahm das Schloss mit dem dazu gehörenden Gelände und errichtete hier den Vergnügungspark „Welt-Restaurant Zum Sternecker Schloss Weissensee“. Es lockten Attraktionen und natürlich wurde reichlich Bier ausgeschenkt. Also ließ Sternecker noch im selben Jahr das Fabrikgebäude mit seiner Brauerei an der Berliner Allee errichten. 1897, die Geschäfte gingen nicht mehr so gut, verschwand Sternecker spurlos. Die Brauerei übernahm zunächst Gustav Enders, später die Borussia Brauerei AG. Bis 1922 wurde hier Bier gebraut. Ab 1925 nutzte die Robert Koschwitz Fleischwarenfabrik das Gebäude. Mit der Denkmalschutzbehörde wird zurzeit der Umbau zu einer Wohnanlage abgestimmt.

Gleich neben der Brauerei in der Berliner Allee, am Eingang zum Schlosspark, liegt dieses ebenfalls im Auftrag von Rudolf Sternecker um 1886 errichtete Gebäude. Um den Ausschank der von ihm gebrauten Biere zu erhöhen, eröffnete er dort ein Restaurant mit Ballsälen.
Die Aufnahme von 1930 zeigt die vom Ökonomen Arthur Oehlke betriebenen Festsäle als Ausschank der Berliner Kindl Brauerei. Nach dem Zweiten Weltkrieg wurde das Gelände als Kreiskulturhaus „Peter Edel“ genutzt. Der Bezirk gab das stark sanierungsbedürftige Gebäude 2007 auf. Nach langen Verhandlungen sieht es so aus, als ob die Berliner Schule für Schauspiel hier im Frühjahr 2011 das Schauspielhaus „Die Möwe“ eröffnen kann.

Hier stand einst das „Café Rettig", das seine Berühmtheit der Tatsache verdankt, dass dort 1872 der Verkauf des Rittergutes Weißensee von Herrn Lüdersdorff an Gustav Adolf Schön besiegelt und damit das Ende Weißensees als Dorf eingeläutet wurde. Um 1908 wurde es abgerissen und man legte eine namenlose Straße an, deren Eckhaus im selben Jahr nach Plänen von Carl James Bühring entstand. Seit 1915 trägt die Straße den Namen von Dr. Felix Busch, dem Geheimen Oberregierungsrat des Kreises Niederbarnim. Zur Namensgebung entstand diese Aufnahme, die den Blick von der Berliner Allee in die Buschallee zeigt. Damals noch eher schmal und bis auf das Eckhaus unbebaut, ist sie heute eine wichtige Hauptverkehrstraße in Weißensee.

Neben der Pfarrkirche steht das 1904 erbaute Pfarrhaus. Es diente bis in die 1990er-Jahre als Wohnhaus für die Geistlichen und als Gemeindehaus. Hier fanden Bibelstunden und Christenlehre statt, es traf sich der Seniorenkreis usw. Im Jahre 1929 drohte dem Pfarrhaus und auch der Pfarrkirche Unheil. Nach Plänen, die vorsahen, die Infrastruktur Weißensees zu verbessern, sollte eine U-Bahnverbindung ins Stadtzentrum gebaut werden. Der Endhaltepunkt sollte genau auf dem Gelände des Pfarrhauses liegen. Wäre das Projekt nicht aus Geldmangel zu den Akten gelegt worden, würde es das Foto von 1957 nicht geben. Im Jahre 2008 kaufte ein Privatier das denkmalgeschützte Haus.

Als Relikt aus dem Mittelalter steht die bereits im 13. Jahrhundert erbaute Pfarrkirche an der Berliner Allee/Ecke Falkenberger Straße. Durch mehrere Umbauten, die bereits im 15. Jahrhundert begannen, und Erweiterungen 1863 und 1900 wurde aus der Dorfkirche ein neugotisches Bauwerk mit nunmehr 500 Sitzplätzen und einem 28 Meter hohen Turm. Das alte Foto entstand 1920. Bei einem Luftangriff 1943 von einer Phosphorbombe getroffen, brannte die Kirche völlig aus. Im Jahre 1948 begann der Wiederaufbau, wobei Materialmangel und Sparzwang insbesondere in der Gestaltung des Turmes, der nun nur noch 22,5 Meter misst, zum Ausdruck kamen. Nach Anstrengungen der Kirchengemeinde und fleißiger Spender konnten 2005 umfangreiche Sanierungsmaßnahmen abgeschlossen werden.

Den Blick von der Berliner Allee in die Caseler Straße zeigt diese Aufnahme von 1920. Die gesamte, erst 1914 angelegte Verbindung zur Triererstraße wurde 1915/16 nach Plänen von Carl James Bühring bebaut. Vom Mietskasernenstil seiner Vorgänger wandte er sich völlig ab und erschuf eine Wohnanlage mit großen hellen Räumen, Zentralheizung und fließend warmem Wasser. Vor den Häusern erfreuen kleine Grünflächen das Auge. Damit machte Bühring Weißensee zu einem Muster moderner Stadtplanung. Noch heute sieht man rechts, genau wie damals, die Amalien-Apotheke, links, nur leicht verändert, eine Gastwirtschaft.

Die Berliner Allee im Kreuzungsbereich der Bernkasteler Straße mit Blick zur Pfarrkirche, 1916. Über diese Straße gelangt man ins Moselviertel. Auf dem Gebiet von Neu-Weißensee hatten Bodenspekulanten schon längst für rege Bautätigkeit gesorgt. Im verschlafenen Dorf Weißensee begannen die Bauern erst um 1910, ihre Grundstücke zu veräußern. So entstand ein von der Malchower Feldmark, Berliner Allee und Falkenberger Straße begrenztes Gebiet, dessen neu angelegte Straßen nach Gebieten an der Mosel benannt wurden. Im imposanten Eckhaus, wo sich heute ein Matratzengeschäft findet, führte Wilhelm Neumann um 1916 ein Restaurant.

2

Zwischen Weißenseer Spitze und Antonplatz

Das Gebiet zwischen der Weißenseer Spitze und dem Antonplatz entwickelte sich in der Zeit nach dem Deutsch-Französischen Krieg 1870/71. Berlin, die Hauptstadt des Deutschen Reiches und Sitz des Kaisers, blühte auf. Immer mehr Menschen kamen nach Berlin, das solche Massen nicht aufnehmen konnte; der Wohnraum wurde knapp. Man suchte nach Vororten, die für die Erweiterung der Stadt in Frage kamen. Gustav Adolf Schön erwarb das ehemalige Weißenseer Rittergut, parzellierte es, legte mit weiteren „Gründervätern" Straßen an und gab deren Bebauung in Auftrag. Die Straßen dieses Gründerviertels sind größtenteils nach dessen „Vätern" benannt. Es ist bemerkenswert, wie Geschichte sich wiederholt: Nach der deutschen Wiedervereinigung 1990 konnte der gleiche „Boom" festgestellt werden.

Bevor Weißensee ab 1920 zu Berlin gehörte, bildeten die Grenzen von Berlin (Bezirk Prenzlauer Berg), Pankow und Weißensee, deren Schnittpunkt sich an der Chaussee nach Prenzlau befand, Dreiecke. Eines dieser Dreiecke war besonders „spitz". Wenn die Weißenseer heute von der „Spitze" sprechen, meinen sie die Gegend um die Einmündung der Heinersdorfer- und Gustav-Adolf-Straße in die Prenzlauer Promenade. Vor sechs Jahren wurde der Ort, an dem sich Prenzlauer Promenade und Heinersdorfer Straße treffen, in Caligariplatz umbenannt. Der Name erinnert an die Zeit des Stummfilms, als Weißensee über bedeutende Filmateliers verfügte und auch als „Klein-Hollywood" bezeichnet wurde.

Die Heinersdorfer Straße von der „Spitze" aus in Richtung Langhansstraße gesehen, 1913. Bis 1908 führte sie den Namen Heinersdorfer Weg. Dort, wo auf dem alten Bild eine Gastwirtschaft und weitere Geschäfte erkennbar sind, gibt es heute kaum noch Einkaufsmöglichkeiten. Um dieser Entwicklung hier und in den umliegenden Straßen entgegenzuwirken, haben sich engagierte Bürger und Geschäftsleute zur Interessengemeinschaft Weißenseer Spitze zusammengefunden. Mit dem Ziel, diesen „Kiez" aufzuwerten und zu verschönern, starteten viele Projekte. Herausragend dabei war die Schaffung eines Kiezplatzes an der Gustav-Adolf-Straße/ Ecke Streustraße, wo in „Trümmerfrauenmanier" ein Schandfleck Weißensees beseitigt wurde.

Blick im Jahre 1904 von der Langhansstraße in die Heinersdorfer Straße in Richtung „Spitze". Links im Eckhaus führte Hans Kaehler die Sonnen-Apotheke. Unter diesem Namen firmiert sie auch heute noch, wenngleich der Inhaber natürlich gewechselt hat. Rechts ist die Eisenwarenhandlung von Edmund Kolberg zu sehen. Die Langhansstraße wurde nach Johann Eduard Langhans benannt, dem Bevollmächtigten und späteren Verwalter des Weißenseer Gründervaters Gustav Adolf Schön. Langhans nahm für Schön das Rittergut Weißensee in Augenschein, befand es für gut und wickelte den Kauf ab.

Auf der Langhansstraße, zwischen Heinersdorfer- und Gustav-Adolf Straße, befand sich ab 1895 die Möbelfabrik Springer. Anfänglich nur in der Langhansstraße 65 beheimatet, kaufte man die gegenüberliegenden Grundstücke Nummer 85/86 dazu. Der Werbeprospekt aus den 1920er-Jahren zeigt alle drei Betriebsteile. Schon früh spezialisierte man sich auf Möbel für Speise- und Schlafzimmer. Die Fabrik bestand bis zum Ende des Zweiten Weltkrieges. Vor einigen Jahren enstanden hier moderne Wohnungen, wobei erfreulicherweise das Gesamtbild, wie auf dem heutigen Foto gut erkennbar, erhalten blieb.

Die Langhansstraße im Kreuzungsbereich zur Gustav-Adolf-Straße, mit Blickrichtung zum Antonplatz. Gut erkennbar ist die Gleisführung auf der Abbildung von 1926. Anders als heute bog die Straßenbahn an dieser Kreuzung in die Gustav-Adolf-Straße ein und fuhr direkt zur „Spitze“. Im linken Eckhaus betrieb die Firma Schröder & Co. die Hansa-Butterhandlung. Rechts ist die Ecke mit der Zigarrenhandlung von Emil Reinholdt zu sehen. Nach Sanierungsarbeiten an diesen Gebäuden und um die Kreuzung herum sind die Läden nun vermietet und vielfältige Geschäfte bieten ihre Waren an.

Lange mussten die etwa 200 in Weißensee lebenden Baptisten warten, bevor sie ihr eigenes Gotteshaus bauen konnten. Die Gemeinde nutzte um 1881 erst die Backstube von Bäckermeister August Lehmpfuhl und ab 1884 einen Saal über dem Schlachtraum von Georg Backhaus. Dann folgte ein großer Raum im Haus Pistoriusstraße 95, ehe schließlich am 25. Februar 1910 auf dem bereits 1903 gekauften Grundstück in

der Friesickestraße 15 die Grundsteinlegung und am 28. August 1910 die Einweihung der evangelisch-freikirchlichen (baptistischen) Immanuel-Kapelle stattfand. Der Entwurf stammte von Baumeister Carl Spuhn, der auch die Arbeiten ausführte. Am 16. April 1945 zerstörte eine Luftmine das Kirchendach. Der Wiederaufbau war mit der Neuweihung am 19. September 1948 abgeschlossen. Die Kapelle feierte im Jahr 2010 ihr 100-jähriges Bestehen.

Um 1880 gab es in Neu-Weißensee nur ein einziges Schulhaus. Auf der Abbildung von 1916 ist dieses kleine Gebäude an der Langhans-/Ecke Roelckestraße ganz links zu sehen. Das heutige Foto zeigt einen Bauzaun um das ehemalige Schulhaus. Während dieses Buch im Juli 2010 entstand, fiel das Gebäude dem Abriss zum Opfer. An seiner Stelle wird ein Schulneubau errichtet. In der Bildmitte ist das um 1890 im Kasernenstil gebaute größere Schulhaus auf der Langhansstraße zu sehen. Zwischen 1915 und 1919 auch als Kaserne genutzt, dient es nach über 120 Jahren noch immer seinem ursprünglichen Zweck.

Dort, wo auf dem vorhergehenden Foto der Bauzaun für das neue Schulgebäude steht, befand sich auch eine sehr beliebte Imbissbude. Sie zog auf die gegenüberliegende Straßenseite in die Langhansstraße 30, wo einst die Firma Thunert und Söhne eine Pianogroßhandlung betrieb. Das Foto von 1940 zeigt im Eckhaus zur Roelckestraße auch das Schultheiss Restaurant von Gastwirt Hans Koch. Die Straße trägt den Namen von Hermann Roelcke, einem der „Gründer" Weißensees. Anfangs war Roelcke sehr erfolgreich, kaufte er immer mehr und mehr, bis er bei den Spekulationen sein gesamtes Vermögen verlor.

Der Blick geht im Bereich der Kreuzung zur Langhansstraße in die Behaimstraße (einst Wilhelmstraße). Dort, wo heute eine umzäunte Wiese zu sehen ist, zeigt die Aufnahme von 1916 ein Eckhaus mit dem Restaurant von Emilie Reim. Gleich gegenüber, im Bild links, betrieb Gastwirt Friedrich Preuß sein Weiss-Bier-Haus. Der Betrachter wird von dem im Zentrum des Bildes stehenden, mächtigen Turm der St.-Josephs-Kirche angezogen. Die sich in den Gründerjahren stetig vergrößernde katholische Gemeinde hielt ihre heiligen Messen erst in einer Wellblechkapelle in der heutigen Börnestraße ab. Bald schon reichte diese nicht mehr aus, sodass Geld für den Bau eines größeren Gotteshauses beschafft werden musste.

Großen Anteil am Zusammentragen der benötigten Summe hatte Pfarrverwalter Dr. Stanislaus Stephan, der durch den Verkauf selbst verfasster Bücher Baugeld beschaffte. So fand 1898 die Grundsteinlegung und am 6. Juni 1899 die Weihe der St.-Josephs-Kirche statt. Nie zuvor wurde eine Kirche, die 3.000 Seelen fasst, in nur zehn Monaten errichtet. Ihr imposanter Turm maß 75 Meter. Direkt an der Kirche wurde ein Pfarr-, Gemeinde- und Schwesternhaus (links) errichtet. Nachdem 1943 der Motor eines abgeschossenen Flugzeuges das Gewölbe beschädigt hatte, traf am 26. Februar 1945 eine Brandbombe den Turm. Zu Pfingsten 1948 konnte die Gemeinde die wiederhergestellte Kirche, deren Turm nun anders und niedriger gestaltet war, wieder nutzen.

Auf Höhe der nach dem Schriftsteller und Journalisten Ludwig Börne benannten Börnestraße (bis 1951 Friedrichstraße) blickt man 1911 in die Langhansstraße, Richtung Antonplatz. Dieser Abschnitt, damals wie heute geprägt von Einzelhandelsgeschäften, zeigt deutlich den Einfluss der Geschichte. Die Häuserfronten auf der linken Seite wurden im Zweiten Weltkrieg bis hin zum Antonplatz komplett zerstört. Bis in die 1990er-Jahre prägten hier Grünflächen das Straßenbild, dann wurden moderne Wohnhäuser errichtet. Dagegen blieben die Gebäude auf der rechten Bildhälfte von den Kriegszerstörungen weitestgehend unberührt.

Kaum zu vermuten, aber auf beiden Fotos ist die Lehder-/Ecke Roelckestraße zu sehen. Das Foto von 1935 zeigt rechts im Eckhaus die Zigarrenhandlung von Paul Buchweitz sowie daneben die Bäckerei von Karl Zühlke. Auch hier „schufen“ Bomben im Zweiten Weltkrieg ein neues Straßenbild. Auf der rechten Seite beweist nur noch der Fabrikschornstein im Hintergrund, dass es sich hier um die gleiche „Ecke“ handelt. Die Wohnhäuser links waren typische Mietskasernen. Bis zu drei Gebäude standen hintereinander, getrennt nur durch kleine Höfe. Nach 1945 wurden die beschädigten Häuser der ersten Reihe abgetragen. So hatte die Reihe dahinter endlich mehr Licht. Auf dem frei gewordenen Platz wurden Grünflächen angelegt.

Die Goldleistenfabrik in der Lehderstraße, hier 1905, legte den Grundstein für das Gewerbegebiet von Carl Ruthenberg. Zwischen Behaim- (einst Wilhelmstraße) und Goethestraße, begrenzt von der Lehder- und Langhansstraße, legte er die „Ruthenberg'schen Höfe“ an. Ruthenberg war ein Pionier der Industrialisierung von Weißensee, der nicht nur die Gewerbehöfe erbaute und vermietete, sondern auch die dazu gehörende Infrastruktur schuf, wie zum Beispiel das Elektrizitätswerk an der Großen Seestraße. Seit 2007 vermietet der Verein St.ART e.V. als Verwalter Arbeitsräume an eigenständige Berufsgruppen in dem denkmalgeschützten Fabrikgebäude, um durch Vernetzung derselben ein Kreativzentrum entstehen zu lassen.

3

Rund um die Bethanienkirche

Kurz nach der Vereinigung von Neu-Weißensee mit dem Dorf Weißensee im Jahre 1905 starb der Gemeindevorsteher Heinrich Feldtmann. Nach Bestürzung und Trauer durch den frühzeitigen Tod übernahm Dr. Carl Woelck sein Amt. Dieser berief den Architekten Carl James Bühring zum Gemeindebaurat, mit dem Ziel, für die vereinigte Vorstadtgemeinde das Stadtrecht zu erlangen. Nach Plänen Bührings entstand das Munizipalviertel (Gemeindeforum) an der Pistoriusstraße. Streng einheitlich in rotem Backstein errichtet, ergeben die Gebäude ein harmonisches Gesamtbild. Die Aufnahme von 1910 zeigt rechts das Zentrum des Forums, die 1908 fertiggestellte Turn- und Festhalle. Das sich der „Stadthalle" anschließende, im selben Jahr gebaute Haus diente als Verwaltungsgebäude und Beamtenwohnhaus.

Noch einmal das Panorama des Gemeindeforums in der Pistoriusstraße. Links auf der Abbildung von 1910 sind die Gemeindepumpstation sowie das sich anschließende Verwaltungsgebäude mit der Bibliothek zu sehen. Gegenüber befindet sich die Turn- und Festhalle, die, als kommunales Zentrum gebaut, verschiedenen Zwecken diente. Sie wurde für Sport- und Kulturveranstaltungen genutzt, war Versammlungsraum, beherbergte Kegelbahnen, ein Badehaus und ein Restaurant. Am 26. Februar 1945 traf eine Fliegerbombe das Gebäude. Nur der Teil, in dem sich das Restaurant befand, überstand den Angriff. Nach 1945 wurde dieser Teil als Kindergarten genutzt. Seit den 1980er-Jahren leer stehend, nutzten ab 1990 Weißenseer Senioren das Gebäude und gründeten den Verein Frei-Zeit-Haus. Heute ist der Ort ein gut besuchter Nachbarschaftstreff.

Blick im Jahre 1904 von der Pistoriusstraße auf die Bethanienkirche. Das am 26. Oktober 1902 in Anwesendheit des Kaiserpaares geweihte Gotteshaus erhielt den Namen Bethanienkirche, nach dem „Haus der Armut“, dem biblischen Wohnort der Geschwister Martha, Maria und Lazarus, in dem Jesus zu Gast war.

Der 65 Meter hohe Turm, der als einziger Teil der Kirche die Zerstörungskraft der Luftmine am 26. Februar 1945 überstand, war und ist *das* Wahrzeichen von Weißensee. Unverändert steht die Ruine mit den Glocken als Geschichtszeuge auf dem Mirbachplatz. Immer wieder gab es Pläne, den Turm zu entfernen, da die Standsicherheit fraglich schien. Bis heute hat er Wind und Wetter getrotzt.

Etwas entfernt hinter der Bethanienkirche, an der Pistoriusstraße entlang und zur Ecke Friesickestraße steht noch heute dieses Eckhaus aus der Gründerzeit. Die hier einmündende Straße ist nach Adolph Friesicke, dem Amtsgerichtsrat und Geheimen Justizrat benannt, der in den Gründerjahren Grundbuchrichter am königlichen Kreisgericht von Weißensee war. Somit liefen alle Bodenan- und verkäufe durch seine Hände. Das Foto von 1911 zeigt das Restaurant von Helene Drewisch. Noch heute befindet sich hier eine Gastwirtschaft, die wie einst schon den Vorplatz als Biergarten nutzt.

Nach der Einmündung der Friesickestraße kreuzt die Pistorius- die folgende Gustav-Adolf-Straße. Diese nach dem Gründervater Gustav Adolf Schön benannte Straße bildet im Kreuzungsbereich mit der Pistoriusstraße den Hamburger Platz. Auch seine Namensgebung hat mit der Gründerzeit zu tun. Der mit der Entwicklung von Weißensee beauftragte Verwalter, der Großkaufmann Johann Eduard Langhans, stammte aus Hamburg. Anfang der 1960er-Jahre entstand hier eine Einkaufshalle, Foto von 1963. Bis 1998 war sie geöffnet. Nach kurzem Leerstand wurde das Gebäude 1999 den Bildhauern der Kunsthochschule Weißensee als Atelier zur Verfügung gestellt.

Max-Steinke-Straße am Mirbachplatz, 1912. Damals hieß der Abschnitt vom Antonplatz zum Mirbachplatz noch Gäblerstraße, benannt nach einem der Gründer Weißensees, Dr. Ernst Gäbler. Als dieser Bereich 1918 gepflastert werden sollte, übernahm der hier ansässige Fabrikant Max Steinke 50 Prozent der Kosten. Durch die Umbenennung der Straße im selben Jahr erhielt er schon zu Lebzeiten ein Denkmal. Dort, wo auf dem alten Bild das Restaurant von Georg Schirmer und rechts die Zigarrenhandlung von Paul Fiebig zu sehen sind, befindet sich heute das beliebte „Café Mirbach". Der große Biergarten lädt zum Verweilen ein, und die engagierte Gastwirtin sorgt in der Adventszeit für musikalisches, auf die Festtage einstimmendes Programm.

Die Einmündung der nach Gustav Adolf Schön, „dem" Gründervater Weißensees, benannten Schönstraße auf den Mirbachplatz im Jahre 1900, als er noch Cuxhavener Platz hieß. Dieser Ort wurde anlässlich des Richtfestes für die Bethanienkirche am 9. November 1901 nach Ernst Magnus Freiherr von Mirbach benannt. Er war Oberhofmarschall der Kaiserin Auguste Viktoria sowie Mitglied des General-Synodalrates der evangelischen Kirche und bewilligte der Gemeinde Neu-Weißensee finanzielle Zuschüsse für den Kirchenbau. Das Eckhaus, in dem Rudolf Flechtner seine Gastwirtschaft betrieb, steht nicht mehr. Heute befinden sich hier moderne Wohn- und Geschäftshäuser.

Nach einjähriger Bauzeit wurde im Frühjahr 1909 das Zentrum des evangelischen Gemeindelebens, das Gemeindehaus am Mirbachplatz, eingeweiht. Einen Teil nutzte man als Schwesternheim. Weiterhin gab es eine Kindestagesstätte, eine Pfarrwohnung, Räume zur Erteilung von Konfirmandenunterricht und für gemeinschaftliche Aktivitäten. Als die gegenüberliegende Bethanienkirche bei Luftangriffen zerstört wurde, blieb das Gemeindehaus vollkommen unbeschädigt. Da die Kirche nun nicht mehr nutzbar war, wurde Ende der 1940er-Jahre der große Saal des Hauses als Kirchensaal umgestaltet. Heute finden hier kaum noch Gottesdienste statt, doch das Gebäude ist immer noch Mittelpunkt des Gemeindelebens.

Das Bild des prächtigen Schiffes der Bethanienkirche entstand 1911 von der Behaimstraße (einst Wilhelmstraße) aus. Seit der Zerstörung im Zweiten Weltkrieg kennt man den Ort nur so, wie auf dem neuen Bild, als zugewuchertes Gelände neben der Turmruine. Das soll sich aber ändern. Die evangelische Gemeinde konnte die Kosten für den denkmalgeschützten Turm nicht mehr aufbringen. Daher verkaufte man ihn 2008 an das Architektenbüro planufaktur GmbH. Dieses hat das Ziel, den Turm zu erhalten, umzunutzen und auf dem freien Teil des Grundstücks durch einen Neubau zu ergänzen. Für die Schaffung von solch großzügigen und einzigartigen Wohn- und Arbeitsräumen wird immer noch nach einem Investor gesucht.

Das mit seinem von Rundbögen getragenen Erker auffällige Gebäude an der Pistoriusstraße/ Ecke Woelckpromenade entstand 1913 ebenfalls nach Plänen des Architekten Carl James Bühring. Ursprünglich als Ledigenwohnheim konzipiert, wurde hier aber schon in den 1920er-Jahren das Wohlfahrtsamt der Gemeinde eingerichtet. Nach dem Zweiten Weltkrieg war das Gesundheitsamt hier untergebracht. Heute umfangreich saniert, dient das Haus beinahe wieder seinem ursprünglichen Zweck, da es ein integratives Wohnheim beherbergt.

Das schönste von Carl James Bühring geschaffene Gebäude ist das Realgymnasium am Kreuzpfuhl. Am 7. April 1910 eingeweiht, gehörte es ebenfalls zum Gemeindeforum. Majestätisch und idyllisch gelegen, „wie ein stolzer Schwan, der mit Haltung und Würde durch die Jahrzehnte schwimmt“, hat die Schule verschiedene Namen getragen. Während der DDR-Zeit war sie als Erweiterte Oberschule (EOS) „Paul Oestreich“ eine der besten Berlins. Heute ist das Gebäude nur noch Schulteil, ohne Identität. So ist vielleicht auch der lieblose 100. Geburtstag im Jahr 2010 zu erklären, der diesem Prachtbau nicht würdig war.

Im Jahre 1935 schaut der Betrachter in die Woelckpromenade hinter dem Gymnasium, mit Blick auf die Häuserfront des Holländerviertels. Dieser Wohnkomplex entstand in den Jahren 1925 bis 1928. In Erweiterung des Gemeindeforums ist es ebenfalls in rotem Backstein ausgeführt. Doch Carl James Bühring stellte es nicht mehr fertig, sondern der Architekt Joseph Tiedemann, der, animiert vom Holländerviertel in Potsdam, die Häuser mit den charakteristischen Giebeln und ihren stufenartigen Dachzinnen plante. Der Innenhof ist wie ein Park angelegt. Damals wie heute zählt das Viertel zu den beliebtesten Wohngegenden in Weißensee.

Weißensee hat nicht nur den namensgebenden See mit seinem Park, sondern weitere Erholung und Entspannung bietende Grünflächen. Vom Kreuzpfuhl kann man die Woelckpromenade entlang flanieren, umgeben von hohen Bäumen erreicht man die Anlagen um den Goldfischteich. Die Aufnahme von 1924 mit Blick zur Parkstraße lässt noch die Areale der Gärtnerei Adolf Grille erahnen. Zwischen Parkstraße und Woelckpromenade gelegen, begrenzt durch die Pistoriusstraße, war sie einst einer der bedeutendsten und modernsten Betriebe in Berlin. Nach dem Verkauf der Gärtnerei entstanden hier moderne Wohnungen und das „Hotel Luisenhof".

Auch hier hielt man sich an die roten Klinkersteine. Zwischen 1929 und 1931 entstand an der Parkstraße, zwischen Amalien- und Blechenstraße, die modernste Schule Berlins. Geplant vom Architekten Reinhold Mittmann, entstanden Spezialräume für Biologie, Chemie und Physik. Hier befanden sich eine Aula mit Kino, zwei Turnhallen mit Umkleide- und Waschräumen sowie ein Dachgarten. Erwähnung sollte auch die Schwimmhalle finden, in deren Wasser so mancher Weißenseer das Schwimmen erlernte. Das, was einst modern und einzigartig war, ist heute aus Kostengründen nicht mehr nutzbar.

4

Spaziergang vom Weißen See über die Parkstraße

Der Ortsnamensgeber, der Weiße See, umfasst mit dem ihn umgebenden Park eine Fläche von 21 Hektar. Dass der Park heute eine über Weißensee hinaus beliebte und für jedermann zugängliche grüne Oase in der Großstadt ist, verdanken wir, wie so vieles andere auch, dem ehemaligen Gemeindevorsteher Dr. Carl Woelck. Einst war der Park von einem hohen Zaun umgeben, der den Zugang zum See versperrte. Um weiteren Bodenspekulationen vorzubeugen, kaufte die vereinte Gemeinde Weißensee 1905 das Schloss und den dazugehörenden Park. In weiter Voraussicht erwarb man auch gleich von allen anderen Anliegern des Sees den Uferstreifen. So konnte eine Promenade um den gesamten See angelegt und diese dann der Öffentlichkeit zugänglich gemacht werden.

Die Aufnahme von 1913 auf der Seite zuvor und diese aus dem Jahr 1940 zeigen das Strandbad am Weißen See, wie es nach Plänen von Carl James Bühring komplett aus Holz konstruiert und 1912 eröffnet wurde. Nun gehörte es der Gemeinde. Bereits seit 1879 gab es eine Badeanstalt am Weißen See. Damals ließ der Pächter des Schlosses einen Steg mit Brettern als Sichtschutz errichten. Die Bauten überstanden beide Weltkriege, mussten aber, da der Zahn der Zeit am Holz nagte, in den 1970er-Jahren umgebaut werden. Am 1. Juni 1980 eröffnete das umgestaltete Seebad ohne Holzbohlen, dafür mit Sandstrand. Heute gehört das Strandbad den Berliner Bäderbetrieben, die es jedoch an den Privatbetreiber Oliver Schulz verpachtet haben. Dieser baute um und schuf eine mit Palmen eingesäumte Bar. Zudem unterstützt er u.a. das Weißenseer Theaterprojekt, das das Bad als Bühne nutzt.

Das Foto von 1939 aus dem Park am Weißen See lässt uns auf die Terrasse am südlichen Seeufer blicken, wo ein Pavillon mit dem Schriftzug „Schloss Weissensee Konditorei“ warb. Oberhalb dieser Terrasse stand tatsächlich das Schloss Weißensee. Anstelle eines alten Gutshauses ließ der Geheime Regierungsrat Dr. Lüdersdorff es 1859 errichten. Nachdem das Schloss 1872 mit dem gesamten Rittergut in den Besitz von Gustav Adolf Schön ging, wurde es bereits zwei Jahre danach zu einem Restaurant ausgebaut. Verschiedene Pächter betrieben es. Im November 1915 wurde das Schloss Weißensee zur Kaserne umfunktioniert. Als die Soldaten 1919 endlich abziehen sollten, verbrannten sie zuvor noch überflüssige Holzwolle. Das Feuer ging auf die Gebäude und das Schloss über und ein bedeutendes Wahrzeichen Weißensees verschwand für immer. Die Schlossterrasse ist heute noch erkennbar.

An der Parkstraße entstand zwischen 1904 und 1906 nach Plänen von Paul Thoemer und Rudolf Mönnich das Amtsgericht Weißensee. Die Gemeinde trug die Baukosten des in einer Mischung aus Barock- und Jugendstil errichteten Gebäudes und vermietete es an die Justizverwaltung, die für die Inneneinrichtung verantwortlich war. Am 1. Juni 1906 fand die Eröffnung statt. 1995 hat man zur Sicherung der Standfestigkeit die Fundamente unterfüttert. Im Inneren wurde ebenfalls restauriert. Besonders eindrucksvoll zeigen sich die Malereien der Gewölbedecken.

Schräg gegenüber dem Amtsgerichtsgebäude an der Parkstraße/Ecke Große Seestraße zeigt das Foto von 1928 ein reich bestucktes Eckhaus mit dem „Restaurant zum Amtsgericht". Hier schenkte Emil Oppermann Biere aus der Berliner Kindl Brauerei aus. Nach einer Gerichtsverhandlung hatten Kläger oder Beklagter immer einen Grund, sich ein Getränk zur Freude oder zum Trost zu gönnen. Zwischenzeitlich nicht mehr als Schankwirtschaft betrieben, versucht heute wieder ein Wirt, von dem Gerichtsgebäude zu profitieren.

Erst 1939 bekam Weißensee eine Berufsfeuerwehr. Der Löschzug der aufgegebenen Feuerwache an der Fischerbrücke in Berlin-Mitte bezog die neu gebaute Wache in der Parkstraße 38/39. Bis dahin besaß Weißensee nur die am 4. April 1884 gegründete freiwillige Feuerwehr. Es begann mit 20 engagierten Bürgern Weißensees, deren Ausrüstung über Spenden der Hauseigentümer und Gewerbetreibenden des Ortes finanziert wurde. Ihr Depot war in der Charlottenburger Straße 5. Mit dem Einzug der Berufswehr hat man den alten Standort aufgegeben und die Freiwilligenwehr nicht mehr benötigt. Das Gebäude in der Parkstraße, nach Plänen von Baurat Meyn errichtet, erfuhr in den 1990er-Jahren eine umfangreiche Sanierung.

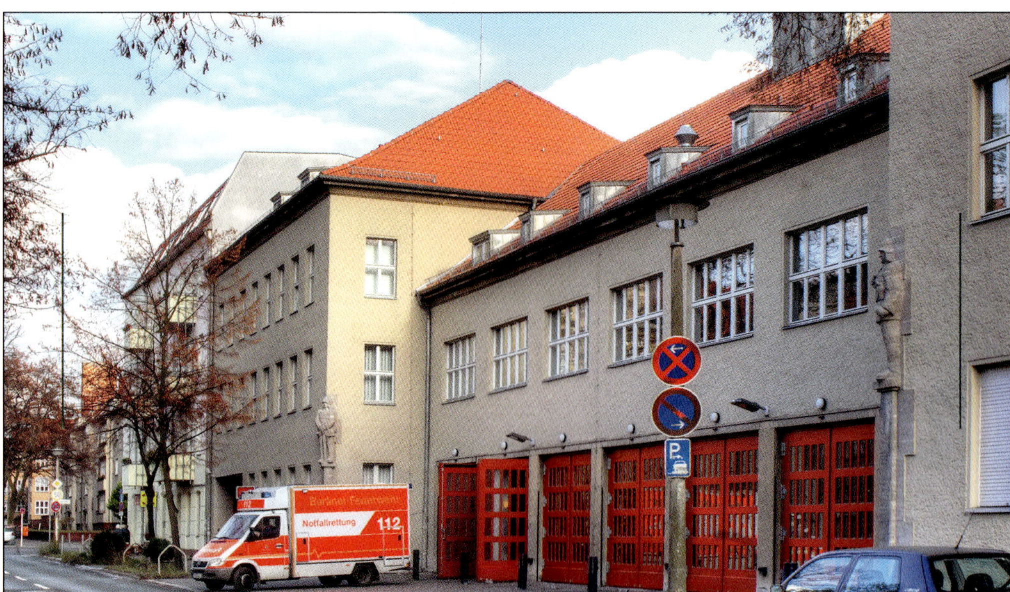

Die Aufnahme von 1907 zeigt die Pistoriusstraße in Richtung Berliner Allee an der Ecke zur Parkstraße. Beide Eckhäuser beherbergten Lokale. Links befand sich das Restaurant von Ernst Kerl. Gegenüber betrieb Louis Schmidt seinen Ausschank. Dieses Haus steht schon lange nicht mehr. Zur DDR-Zeit befand sich hier ein großer Kohlenplatz. Im Jahr 1997 entstand der moderne Gebäudekomplex, der sich harmonisch ins Gesamtbild einreiht. Auch die letzten unsanierten Häuser werden nach und nach restauriert, sodass Feuerwehreinsätze und Sicherungsmaßnahmen wegen herabfallendem Putz sicher bald der Vergangenheit angehören.

Noch einmal fast dörfliche Idylle in der Parkstraße zwischen Charlottenburger- und Pistoriusstraße. Bereits 1887 entstanden die Wohnhäuser der Parkstraße 4 und 5 im Landhausstil, hier in einer Aufnahme von 1906. Baugleiche Häuser mit ländlichem Charakter findet man auch in der Parkstraße 62 bis 65. Sie sind alle Baudenkmäler und erstaunlich gut erhalten. Das neue Foto zeigt, dass die Gebäude liebevoll und detailgetreu saniert worden sind.

Am Haus Parkstraße 8 hat der Zahn der Zeit genagt. Das Foto von 1920 zeigt links das Geschäft von Bäckermeister Friedrich Wiedemann, eines seiner ersten in Weißensee. Hieraus entwickelte sich die Bäckerei-Kette Wiedemann, die noch heute besteht. Rechts befand sich das Kolonialwarengeschäft von Hans Fonden.

Das Reformhaus, von dem noch die Reklame übrig blieb, ist einige Häuser weiter gezogen. Aber auch für dieses einst schöne Gebäude ist Licht am Ende des Tunnels. Fleißige Menschen arbeiten trotz behördlicher Rückschläge daran, in der ehemaligen Bäckerei ein neues Geschäft zu eröffnen. Später soll die Rekonstruktion des gesamten Hauses erfolgen.

Ein Haus bleibt sich treu. Die Aufnahme von 1926 zeigt die Parkstraße 105 – hier führte der Unternehmer Willy Schüler seine Auto- und Motorradfahrschule. Gleichfalls betrieb er eine Reparaturwerkstatt für Fahrzeuge und vermietete auf dem Hof Garagen. Noch heute befindet sich eine Autowerkstatt in dem Gebäude. Das freundliche Team des KfZ-Meisterbetriebes PS-Autotechnik bietet einen hervorragenden Service für alle Autotypen.

Die Parkstraße/Ecke Charlottenburger Straße im Jahre 1921, von der Berliner Allee aus gesehen. Im Eckhaus befand sich ab 1919 die Sparkasse der Gemeinde Weißensee, eine Errungenschaft der Gemeinde unter Amtsvorsteher Dr. Carl Woelck. Die Gemeindesparkasse eröffnete am 1. April 1908. Sie sollte es den Kunden ermöglichen, Ersparnisse sicher und verzinslich anzulegen und Darlehen zu erlangen. Das Weißenseer Sparkassenunternehmen entwickelte sich gut und wurde 1924 mit der Stadtsparkasse Berlin vereinigt. Dort, wo sich einst die Räume der Sparkasse befanden, waren über die letzten Dekaden Einrichtungen des Gesundheitswesens untergebracht. Seit geraumer Zeit stehen die Gewerbeeinheiten leer.

Im Jahre 1910 erhielt die Tassostraße den Namen des italienischen Dichters Torquato Tasso. Die Aufnahme von 1925 zeigt den Straßenabschnitt zwischen Berliner Allee und Charlottenburger Straße. Großzügige Vorgärten prägen das Bild. Wie schon bei den noch erhaltenen Häusern im Straßenabschnitt Charlottenburger- und Pistoriusstraße fand man hier imposante, von Säulen getragene Balkone. Die Gebäude wurden während des Zweiten Weltkriegs zerstört. Danach baute man einfache, praktische Wohnblöcke an deren Stelle, dachte aber noch an Grün vor den Haustüren. Das erhaltene Eckhaus zur Charlottenburger Straße (rechts) hat nach umfangreicher Sanierung an der Giebelseite „interessante" Fenster bekommen, die man sich bei einem Spaziergang einmal näher ansehen sollte.

Das 1916 eröffnete Kaiserliche Postamt Weißensee an der Charlottenburger-/Ecke Tassostraße in einer Aufnahme von 1919. Wie beinahe der gesamte Abschnitt der Tassostraße zur Berliner Allee wurde auch das Quergebäude der Post im Zweiten Weltkrieg beschädigt. Nach der Sanierung des gesamten Postamtes vor einigen Jahren war der Vorkriegszustand wieder hergestellt. Selbst das kaiserliche Wappen prangt wieder am Rundbogen unter dem Dach. Es ist jetzt aber, vom Briefverteilungszentrum abgesehen, kein klassisches Postamt mehr, sondern eine Filiale der Postbank, die Postdienstleistungen anbietet. Rechts im Bild der Schultheiss-Bier-Ausschank von Wilhelm Stärke. Das einst als Gastwirtschaft geführte Lokal steht nun seit einigen Jahren leer.

Eine eigentümliche, aber doch passende Lösung wählte der Architekt, der für diesen Neubau verantwortlich zeichnete. Das seinerzeit an der Charlottenburger-/Ecke Max-Steinke-Straße (einst Gäblerstraße) stehende, im Landhausstil errichtete Gebäude war eines der ersten Häuser in dieser Gegend. Dort betrieb Fritz Handschick das Restaurant „Zum guten Happen“. Die Aufnahme stammt von 1905.

Wie die Parkstraße grenzt auch die Albertinenstraße an den Park um den Weißen See. Die Straße wurde nach einer Jugendfreundin des Weißenseer Gründervaters Gustav Adolf Schön benannt. Albertine Louise Stenersen, die spätere Schwägerin von Schön, unterstützte ihn bei seinen Weißenseer Bodenspekulationen finanziell.

Das Bild von 1922 zeigt die Albertinenstraße 24. Vor dem Zweiten Weltkrieg standen solche aufwendig errichteten Bauten bis hoch zur Einmündung der Amalienstraße. Einige fielen dem Bombenhagel zum Opfer, andere wurden abgerissen und mussten Neubauten weichen. Dieses Haus aber hat alle Epochen überstanden und strahlt heute wieder in alter Pracht.

Bereits 1903 errichtete die eigenständige Gemeinde Neu-Weißensee in der Albertinenstraße ihr Rathaus, hier zu sehen in einer Aufnahme von 1904. Von hier wurde ab 1905 auch die vereinigte Gemeinde Weißensee verwaltet. Bis zum Ende des Zweiten Weltkrieges blieb es das Weißenseer Rathaus. Ab Mai 1945

hatte es kurzzeitig die Sowjetarmee in Beschlag genommen. Schon 1946 zog hier die neu gegründete Polizeiinspektion Weißensee ein, die bis 1990 blieb. Auch danach nutzte die Polizei das Gebäude, allerdings nur noch für die Straßenverkehrsabteilung. Heute ensteht auf dem Gelände um das ehemalige Rathaus, unter dessen Einbeziehung, ein Wohnpark. Die denkmalgeschützte Fassade bleibt erhalten.

5

Südlich der Berliner Allee

Das Bild zeigt den Blick von der Giersstraße auf die heutige Hansastraße. Benannt ist sie seit 1911 nach Heinrich Giers, dem Feuilleton-Redakteur des „Berliner Lokalanzeigers". Zum Zeitpunkt der Aufnahme im Jahre 1913 gehörte dieser neu angelegte Straßenabschnitt noch zur Falkenberger Straße. Auch hier kommt man nicht umhin, Dr. Carl Woelck und Carl James Bühring zu huldigen. Unter Woelcks Regentschaft und nach Bührings Bauplänen entstand das links erkennbare Säuglingskrankenhaus. Die Einweihung fand am 8. Juli 1911 statt. Damit war es das erste kommunale Säuglingskrankenhaus in ganz Preußen. Da insbesondere Bühring ein Verfechter der „kurzen Wege" war, wurde gleich bei der Einweihung des Krankenhauses der Grundstein für das Säuglingsheim gelegt. Es ist rechts zu sehen und war ab 1913 nutzbar.

Zum Säuglingskrankenhaus gehörte auch ein Musterkuhstall, in dem Kühe zur Milchgewinnung gehalten wurden. So stand jederzeit frische Milch zur Verfügung. Weitsichtig waren die Initiativen der Herren Woelck und Bühring. Heute sieht das oft anders aus. Den Beweis liefert das Foto aus dem Jahr 2010. Bis 1996 wurde das Gebäude als Kinderkrankenhaus genutzt, seitdem steht es leer. Der Liegenschaftsfonds hat das Gelände 2004 an ein Konsortium verkauft. Bis jetzt ist nichts passiert. Wie es aussieht, ist der Vertrag so „fabelhaft und knallhart" ausgehandelt worden, dass der Investor ausharren kann, bis das denkmalgeschützte Haus im Dezember 2015 völlig ruiniert ist. Nach einer eventuellen Rückübertragung darf dann vielleicht der Steuerzahler wieder für die Erhaltung sorgen.

Das St.-Joseph-Krankenhaus ist heute noch ein wichtiger Bestandteil der Berliner Krankenhauslandschaft. 1888 kauften die Alexianerbrüder an der Gartenstraße einen Bauernhof. Sogleich wurde damit begonnen, eine Niederlassung für diese katholische Ordensgemeinschaft zum Zwecke der Krankenpflege zu errichten. Die Einweihung der von Anfang an als Pflegeanstalt für psychisch Kranke konzipierten Heilanstalt war am 1. Dezember 1892. Um das kirchliche Leben nicht zu kurz kommen zu lassen, wurde 1910 die St.-Joseph-Kapelle auf dem Gelände geweiht. Während der NS-Zeit sowie in der DDR hatte es eine katholische Psychiatrie nicht leicht. Erst nach 1990 konnten die Alexianer wieder die volle Verantwortung im Krankenhaus übernehmen.

Die dörflich anmutende Falkenberger Straße, hier im Jahre 1910, gehörte zum ursprünglichen Dorf Weißensee mit seinen kleinen Landhäusern und Höfen. Landwirtschaft und Viehhaltung dienten dem Broterwerb. Obwohl die Dorfgemeinde und Neu-Weißensee flächenmäßig beinahe gleich groß waren, lebten zur Vereinigung beider Gemeinden im Jahre 1905 in Neu-Weißensee zehnmal mehr Menschen. Anfänglich wollten die „Dorfbewohner" mit den „Städtern" nichts zu tun haben, aber nun, nachdem die Gemeinden vereinigt waren, konnten plötzlich infrastrukturelle Probleme gelöst werden. Besonders wichtig war der Bau der Kanalisation. Auch heute ist dieser Straßenzug beinahe ursprünglich erhalten, nur die Motorisierung hat sich geändert.

Eines der Gehöfte auf einem Foto von 1914. Hier, in der Falkenberger Straße 53, führte Emil Huckwitz seinen Gärtnereibetrieb. Er zog Blumen und Gemüse und bot seine Waren auch auf dem Markt am Pistoriusplatz an. Heute gibt es hier keine landwirtschaftliche Produktion mehr. Auf den einstigen Feldern stehen Neubauten. Das Wohnhaus von Huckwitz ist erhalten geblieben.

Auch das Haus auf dem Grundstück Falkenberger Straße 37a errichtete um 1905 ein Gärtnermeister, nämlich Paul Curio. Bereits 1909 gab es hier eine Gastwirtschaft. Die Aufnahme von 1913 zeigt das Restaurant, das der Inhaber Ludwig Facklam um ein Gartenlokal erweiterte. Die Betreiber der Gastwirtschaft wechselten häufig. 1985 übernahm Rose Konrad, die Enkelin Paul Curios, die Gaststätte und benannte sie 1986 in „Zum Nudelholz“ um. Dieser Name ist bis heute erhalten, wenn auch seit Februar 2006 Steffen Ulm hinter dem Tresen steht. Er baute einen Saal für Feierlichkeiten an und verwöhnt seine Gäste mit guter „Berliner Küche“. Ihm war es vorbehalten, 2009 die Feier „100 Jahre Nudelholz“ in diesem Haus auszurichten.

Blick um 1914 von der Bernkasteler Straße in die Trarbacher Straße. Beide Straßen liegen im Moselviertel. Rechts zu sehen ein Gebäudeteil, der zum 1912 in der Bernkasteler Straße eröffneten Betriebshof für Straßenbahnen gehört. Das neue Straßenbahndepot war notwendig geworden, nachdem das alte, im Dreieck Große See- und Rennbahnstraße gelegene den durch die fortschreitende Elektrifizierung benötigten Raum nicht mehr bot. Im markanten Haus in der Bernkasteler Straße 2 betrieb Ernst Bauer ein Restaurant. Ein solches befindet sich auch heute noch in dem frisch sanierten Gebäude.

Man könnte meinen, die beiden Aufnahmen seien identisch. Zwischen beiden Fotos liegen jedoch 70 Jahre. Hier, an der Feldtmann-/Ecke Piesporterstraße, betrieb einst Emil Jacob einen Ausschank der Berliner Kindl Brauerei. Diese Brauerei Aktiengesellschaft kam am 1. Januar 1920 nach Weißensee. Sie übernahm das Werk der Brauerei Gabriel & Richter in der Indira-Gandhi-Straße (einst Lichtenberger Straße) und avancierte zu einem der größten Arbeitgeber in Weißensee. Noch heute wird dort Bier gebraut. Das Gasthaus dagegen ist momentan geschlossen.

Nördlich der Rennbahnstraße, hin zur Gemarkung nach Malchow, auf den ehemaligen Rieselfeldern wurde 1906 ein Industriegelände konzipiert. Nachdem 1908 der dafür notwendige Anschluss an die Industriebahnstrecke Tegel–Friedrichsfelde geschaffen worden war, zogen Unternehmen hierher. Eines der ersten war die Kugellager- und Werkzeugfabrik von August Riebe. Das markante Fabrikgebäude entstand 1914 nach Plänen des Architekten Bruno Buch. Nach dem Ersten Weltkrieg musste man Teile der Fabrik verkaufen, 1929 wurde Riebe übernommen und kurz darauf geschlossen. Nach 1945 beherbergte die Fabrik den VEB (Volkseigenen Betrieb) „Stern Radio“. Seit dessen Abwicklung 1990 steht das Industriedenkmal leer.

Ähnlich wie Carl James Bühring waren auch Bruno Taut die dunklen und engen Mietskasernen der Gründerzeit zuwider. In den 1920er-Jahren war Bruno Taut einer der herausragenden Architekten des Neuen Bauens. Gerade Linien, keine Schnörkel und ein flaches Dach kennzeichnen diese Bauwerke. Jedoch achtete man darauf, dass die Häuser nicht zu hoch waren, alle mit Balkonen ausgestattet wurden und vor allem zwischen den Gebäuden weite Höfe mit Grünflächen lagen. So entstanden nach Tauts Plänen zwischen 1928 und 1930 diese Wohnbauten für die Gemeinnützige Heimstätten-, Spar- und Bau AG in der Buschallee. Wie auf dem Foto von 1935 gut zu erkennen, gab es damals noch keine Straßenbahnstrecke.

Die Aufnahme von 1940 zeigt die Buschallee an der Ecke zur Gartenstraße. Bruno Taut hatte dort, wo die Wohnbauten von Straßen unterbrochen waren, Ladengeschäfte konzipiert. So sollten die Bewohner kurze Wege haben, alles Notwendige sollte zentral gelegen und gut erreichbar sein. Im abgebildeten Eckladen betrieb Fritz Raul seinen „Berliner Kindl"-Ausschank. Heute haben die Balkone Schallschutzfenster, da die Straßen belebter sind. Einen Ausschank, der die Anwohner zum gemütlichen Tagesausklang lädt, gibt es noch immer.

Südlich der Berliner Allee, zwischen Gürtel- und Indira-Gandhi-Straße (einst Lichtenberger Straße), legte Johannes Gäbler nach 1872 Straßen an, die ihren Namen nach Orten erhielten, die im Deutsch-Französischen Krieg 1870/71 eine Rolle gespielt hatten, und errichtete dort Mietshäuser. Das Französische Viertel war geboren. 1951 wurden dann die meisten Straßen umbenannt. Offiziell geschah dies, um Doppelnamen in Berlin zu vermeiden, aber es war wohl eher ein Zeichen gegen den Militarismus. So bekamen die Straßen Namen von Komponisten, und man sprach seitdem vom Komponistenviertel. Zu sehen ist hier der Solonplatz (einst Lindenplatz) an der Meyerbeerstraße (einst Straßburgstraße)/Ecke Lindenallee im Jahre 1912.

Die Bausubstanz der einst nicht gerade gut ausgestatteten Miethäuser in Weißensee wurde zu DDR-Zeiten nicht verbessert, Erhaltungsmaßnahmen waren eher auf das Notwendigste beschränkt. Um die gravierenden Baumängel zu beseitigen, erklärte der Senat von Berlin das Komponistenviertel 1995 zum Sanierungsgebiet. So konnten zwei Drittel der Altbausubstanz modernisiert und instand gesetzt werden. Es flossen 67 Millionen Euro Fördermittel, nicht nur in die Wohngebäude, sondern auch in die soziale Infrastruktur.

Das Foto von 1912 zeigt die heutige Bizetstraße 127 (einst Sedanstraße 71). Rechts befand sich die Bäckerei und Milchhandlung Huske. Dort, wo links im Bild die Kolonialwarenhandlung von Leopold Flick zu sehen ist, befindet sich heute eines der beliebtesten Lokale in Weißensee.